BEI GRIN MACHT SICH IHR WISSEN BEZAHLT

- Wir veröffentlichen Ihre Hausarbeit,
  Bachelor- und Masterarbeit

- Ihr eigenes eBook und Buch -
  weltweit in allen wichtigen Shops

- Verdienen Sie an jedem Verkauf

Jetzt bei www.GRIN.com hochladen und kostenlos publizieren

Hybrides Projektmanagement eines Unternehmens in der Bildungsbranche. Planung eines Projekts zur Weiterbildung von Eltern

Bibliografische Information der Deutschen Nationalbibliothek:

Die Deutsche Nationalbibliothek verzeichnet diese Publikation in der Deutschen Nationalbibliografie; detaillierte bibliografische Daten sind im Internet über http://dnb.d-nb.de abrufbar.

ISBN: 9783346269997
Dieses Buch ist auch als E-Book erhältlich.

Hochschule für angewandtes Management in Ismaning

Fachbereich: Wirtschaftspsychologie

Wintersemester 2019/2020

Studienarbeit

Anwendung von hybriden Projektmanagement

im Projektumfeld eines Unternehmens in der Bildungsbranche

Abbildungsverzeichnis

Inhaltsverzeichnis

1. Einleitung

„Projektmanagement ist ein Instrument, welches das Überleben des Unternehmens im Wettbewerb sichert." (Litke, 2005, S. 6) Schon lange wird Projektmanagement für komplexe und umfangreiche Vorhaben erfolgreich angewendet. Egal, ob ein Unternehmen ein neues Produkt oder eine Dienstleitung entwickelt, ein EDV-System einführt oder eine bestimmte Strategie umsetzt. Es werden nahezu alle Vorhaben in Form von Projekten verwirklicht. Auch kleinere, interne Aufgabenstellungen realisieren die Unternehmen in Projektteams.

1.1 Problemdarstellung

Heutige Projekte stellen mit ihren hohen Anforderungen das Projektmanagement vor neue Herausforderungen. „In der heutigen, sich immer schneller verändernden (Kommunikations-)Welt werden [...] höchste Anpassungsfähigkeit und Flexibilität verlangt. [...] Das klassische Projektmanagement schafft das häufig nicht (mehr), denn im Verlauf der Event-Planung kommt es immer wieder zu aktuellen Anpassungen und Herausforderungen, sei es durch politische, unternehmensinterne, branchen-, wettbewerbs- oder kundenbedingte Ereignisse." (Dams, 2019, S. 64) Daher genießt Vorgehen nach agilen Methoden aktuell große Aufmerksamkeit. Innerhalb der letzten Jahre hat sich aus einer Idee ein handfester Trend entwickelt, der in immer mehr Unternehmen jeglicher Größe und Branche Anklang findet. Auch die Methodik hat sich stetig weiterentwickelt und wird oft an die spezifischen Bedürfnisse des Anwenders angepasst.

1.2 Ziel der Arbeit

Im Rahmen dieser Arbeit soll das hybride Projektmanagement, welches traditionelle und agile Methoden in einem Projekt kombiniert, näher beleuchtet und beurteilt werden. Anschließend wird dieser Ansatz im Projektumfeld eines Unternehmens in der Bildungsbranche angewendet.

1.3 Methodisches Vorgehen

Den Einstieg in die Studienarbeit bildet eine Betrachtung der theoretischen Grundlagen des Projektmanagements (Kapitel 2). Darauf folgt die theoretische Betrachtung des hybriden Projektmanagements (Kapitel 3). Im Vordergrund stehen zunächst die Grundlagen des agilen Handelns und dessen Methoden bei agilen Unternehmen und dessen Projektmanagement. Im Anschluss wird auf die Abgrenzung und das

Zusammenspiel zwischen dem agilen und dem klassischen Projektmanagement eingegangen. Auch die verschiedenen Methoden und Formen im hybriden Projektmanagement werden analysiert. Die Möglichkeiten/Chancen oder gar Risiken, die daraus entstehen, werden im gleichen Abschnitt vorgestellt. Darüber hinaus wird das theoretische Wissen genutzt, um ein Projekt in der Praxis zu planen und umzusetzen (Kapitel 4). Am Ende der Arbeit wird noch ein Fazit gezogen

2. Grundlagen des Projektmanagements

In diesem Kapitel werden die Begriffe „Projekt" und „Projektmanagement" definiert, um ein Grundlagenwissen zum Thema zu vermitteln.

2.1 Definition Projekt

Das Wort »Projekt« ist heute in der Arbeits- und Führungswelt zu einem Modewort geworden. Nicht selten entsteht der Eindruck, das Arbeitsleben besteht nur mehr aus Projekten. In der einschlägigen Literatur und in der Praxis kursieren viele Begriffsbestimmungen. Die DIN 69901 definiert wie folgt: »Ein Projekt ist ein Vorhaben, das im Wesentlichen durch die Einmaligkeit der Bedingungen in ihrer Gesamtheit gekennzeichnet ist, wie z. B. Zielvorgabe, zeitliche, finanzielle, personelle oder andere Begrenzungen, Abgrenzung gegenüber anderen Vorhaben und projektspezifische Organisation.« (Stöger, 2011, S.3)

Ergänzt wird diese Definition von F.X. Bea, S. Scheurer und S. Hesselmann: Hier wird ein Projekt als Vorhaben beschrieben, das zeitlich befristet ist, sich durch Neuartigkeit und Einmaligkeit auszeichnet sowie eine beachtliche Größe und einen hohen Grad an Komplexität aufweist. (Bea et al., 2011, S.7)

Sobald eine Aufgabe die genannten Merkmale aufweist und zudem nicht durch eine einzelne Person bewerkstelligt werden kann, handelt es sich um ein Projekt welches durch Projektorganisation und den Methoden des Projektmanagements gelöst werden kann. Dabei sind die Ressourcen Zeit, Finanzierung, Personen nicht unendlich, sondern kalkuliert und im Vorherein bekannt.

Für das Gelingen eines Projekts braucht es zudem immer ein erfolgreiches Projektmanagement.

2.2 Definition Projektmanagement

Um alle Faktoren, welche ein Projekt beinhaltet, kontrollieren zu können, ist ein effizientes Managen dieser Projekte notwendig. Laut der DIN 69901 wird

Projektmanagement definiert, als „die Gesamtheit von Führungsaufgaben, -organisation, - Techniken und -Mitteln für die Abwicklung eines Projekts". (Schelle et al., 2008, S. 30) Projektmanagement hat demnach die Aufgabe, ein Projekt zu leiten und zu führen. Es geht dabei nicht um die Planung des Projekts, sondern auch um die Koordination der einzelnen Aufgaben, sowie um die Sicherstellung einer kontrollierten Herangehensweise. Ziel ist es Projekte zum Erfolg zu führen.

Bei einem erfolgreichen Projektmanagement sind eindeutige sowie zu erreichende Ziele zu definieren und Anforderungen zu identifizieren. Zudem sind Termine und Kosten zu planen und einzuhalten. (Meyer & Reher, 2016, S.3)

2.3 Phasen des Projektmanagements

Um die Komplexität von Projekten zu verringern, wird die Projektdurchführung in verschiedene Phasen gegliedert. Das Phasenmodell nach DIN 69901 umfasst fünf Phasen, wobei die ersten beiden Phasen, die Initialisierungs- und die Definitionsphase, oftmals zusammengefasst werden.

Abbildung 1 Projektmanagementphasen nach DIN 69901-2 (eigene Darstellung)

3. Hybrides Projektmanagement - Erfolgreiche Kombination von klassischer und agiler Welt

Die eingesetzten Methoden des Projektmanagements lassen sich grundsätzlich in klassische und agile Methoden unterteilen. Bei klassischen Projektmanagementmethoden wird zu Beginn das komplette Projekt detailliert geplant. Anschließend werden die Phasen des Projekts sequenziell durchlaufen. Bei agilen Methoden wird iterativ und inkrementell vorgegangen, um die Flexibilität zu erhöhen und den Anwender stärker mit einzubeziehen. (Kurtz & Sauer, 2018) Bei einem iterativen Vorgehen wird sich schrittweise an die exakte oder endgültige Lösung angenähert. Hybride Projektmanagementmethoden kombinieren Techniken aus agilen und klassischen Ansätzen. Ein mögliches Ziel dabei ist die Nutzung der Vorteile beider Ansätze (Sandhaus et al., 2014, S.53). Hybride Methoden kommen in der Praxis mittlerweile häufig vor (Komus & Putzer, 2017, 15ff).

Um ein besseres Verständnis zu erhalten werden nachfolgend zunächst die Grundlagen das agilen Handelns erläutert. Daraufhin erfolgt eine Abgrenzung um zu klären was Hybrides Projektmanagement ist und wie die agilen und klassischen Methoden zusammenspielen. Nachfolgend werden die unterschiedlichen Formen und Methoden besprochen. Zum Schluss werden die Chancen und Risiken diskutiert.

3.1 Grundlagen des agilen Handelns das Agile Manifest

Der Begriff Agilität kommt aus dem lateinischen und bedeutet so viel wie flink, beweglich. Der Begriff Agilität ist relativ schwer greifbar, so ist es nicht weiter verwunderlich, dass es unterschiedliche Definitionen dessen gibt.

Agilität wird von Schwaber und Shuterland (2014, S.32) folgendermaßen beschrieben: „Agilität ist die Fähigkeit, Vorteile aus Chancen zu ziehen oder Herausforderungen mit beherrschbarem Risiko zu meistern."

Cockburn (2003, S. 233 ff.) beschreibt agil als die Fähigkeit effektiv und manövrierbar zu sein und dass ein agiles Verfahren sowohl leicht als ausreichend sein soll.

Hofert (2018, S. 6) definiert „Agilität ist die Fähigkeit von Teams und Individuen Organisationen, in einem unsicheren, sich veränderndem und dynamischen Umfeld flexibel, anpassungsfähig und schnell zu agieren. Dazu greift Agilität auf verschiedene Methoden zurück, die es Menschen einfacher machen, sich so zu verhalten."

Agil sein bedeutet im Wirtschaftskontext, schneller reagieren zu können. (ebd.) Das Ziel von agilem Handeln besteht also darin schneller auf Veränderungen reagieren zu können, als es z.B. beim klassischen Projektmanagement der Falls ist.

In der einschlägigen Literatur wird Agilität in der Regel anhand des Agilen Manifests erläutert. Das agile Manifest umfasst vier Einstellungen:

- Individuen und Interaktionen mehr als Prozesse und Werkzeuge
- Funktionierende Software mehr als umfassende Dokumentation
- Zusammenarbeit mit dem Kunden mehr als Vertragsverhandlung
- Reagieren auf Veränderung mehr als das Befolgen eines Plans

Die Bedeutung dahinter lautet: Obwohl die Werte auf der rechten Seite als richtig empfunden, werden wir die Werte auf der linken Seite höher eingeschätzt. (*Agiles Manifest*, 2020; Hofert, 2018)

Ergänzend zu den vier zentralen Werten wurden zwölf Prinzipien geschaffen. Die Prinzipien sind im Kontext der Softwareentwicklung zu verstehen. Eine Umwandlung der Prinzipien auf allgemeine Projekte ist nicht immer trivial möglich (Preußig, 2015, S.29).

Daher werden die agilen Werte und Prinzipien häufig durch die jeweiligen Organisationen/Unternehmen auf ihre Bedürfnisse angepasst.

3.2 Agiles und klassisches Projektmanagement – Abgrenzung und Zusammenspiel

In der Realität haben klassische und agile Projektmanagement-Methoden gleichermaßen ihre Daseinsberechtigung. Je nach Projektart, Größe und Komplexität des Projektes und den gegebenen Rahmenbedingungen eignen sich unterschiedliche Vorgehensmodelle.

3.2.1 Agiles Projektmanagement mit SCRUM

Agiles Projektmanagement heißt bewegliches, flinkes, prozessorientiertes, reflexives, lernendes Vorgehen. Die agilen Methoden kommen beispielsweise in der Softwareentwicklung, im Eventmanagement oder bei der Produktentwicklung oft zum Einsatz. SCRUM steht heute für den am weitesten verbreiteten agilen Projektmanagementansatz und wird deshalb vertieft betrachtet. Scrum ist ein flexibles, iteratives und inkrementelles Vorgehen mit Schwerpunkt auf Flexibilität und maximalem Kundennutzen (Brandstäter, 2013, S.36)

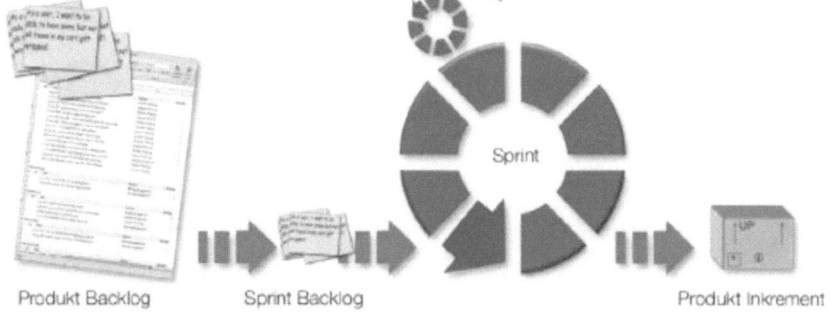

Abbildung 2 Der Scrum-Flow (Wintersteiger, 2015, S.25)

Abbildung 2 zeigt schematisch die Vorgehensweise nach Scrum auf.

Nach der Startphase (Initialisierung und Produktkonzeption) werden die Anforderungen in einer Liste, dem sog. *Product Backlog* erstellt, geändert und entsprechend priorisiert. Das Product Backlog verwaltet die Anforderungen. Es handelt sich um lebendes Dokument und wird ständig aktualisiert. In einer Iteration, dem sog. Sprint, wird ein Arbeitspaket in kleinere Pakete in einer weiteren Liste, dem sog. *Sprint Backlog* heruntergebrochen. Die Iterationen bzw. *Sprints* folgen in vorgeplanten Zeiträumen fixer Dauer, zum Beispiel von zwei Wochen. Ein Team arbeitet in einem Sprint an einer von ihm ausgewählten Menge an Aufgaben. Nach jedem Sprint wird ein funktionsfähiges

Produkt oder Teilprodukt (in der Abb. *Product Inkrement*) geliefert, welches sich dem Gesamtanforderungen nach und nach annähert.. Im sog. *Daily Scrum* wird in wenigen Minuten die Arbeit des Teams abgeglichen. (Goll & Hommel, 2015; Hanser, 2010; Kuster et al., 2019; Wintersteiger, 2015)

3.2.2 Klassisches Projektmanagement mit Wasserfall

Weit verbreitet ist die sequenzielle Phasenanordnung „Wasserfall-Modell" aus dem klassischen Projektmanagement. Ein Vorteil des klassischen Projektmanagements ist seine allgemeine Bekanntheit und die damit verbundene Erfahrung der Projektmitglieder in diesen Methoden. Das Wasserfallmodell ist ein n Vorgehensmodell, beim welchem die definierten Phasen sequentiell durchschritten werden. Typische Phasen im Wasserfallmodell sind die Anforderungsanalyse, Systemspezifikation, Implementierung/ Programmierung, Systemtests und Betrieb. In Ausnahmesituationen sind Rücksprünge in eine vorangegangene Phase erlaubt. (Urbach & Ahlemann, 2016) Durch die grafische Darstellung der nacheinander absteigend verlaufenden Phasen hat das Wasserfallmodel seinen Namen erhalten.

3.2.3 Vergleich beider Methoden

	Klassisches Projektmanagement	Agiles Projektmanagement
ZIELERREICHUNG	Der Weg ist im Vorfelde fest definiert, Prozess ist fest	Der Weg wird Schritt für Schritt definiert, Prozess wird fortlaufend verbessert
VORGEHEN	Linearer Prozess (Wasserfall-Modell): Entwicklung von Phase zu Phase	Iterativer Prozess: Durchlauf aller Phasen in einer Iteration (Srcum-Cycle)
	1. Analyse der Ausgangssituation 2. Zieldefinition 3. Wegdefinition (Meilensteine und Phasenfestlegung)	1. Ziel-„bereichs"-definition 2. Sprintzyklen (Phase für Phase) --> Kontinuierlicher Abgleich der Erwartungen vom IST-Zustand

	--> Kontinuierliche Überprüfung der Abweichungen vom festgelegten Pfad	
ERFASSUNG DER ANFORDERUNGEN	Anforderungen werden nur am Anfang erfasst (z. B. in einem Lastenheft)	Anforderungen werden kontinuierlich erfasst (z. B. durch Backlogs)
MAGISCHES DREIECK	Umfang ist fest, Zeit und Aufwand sind variabel	Zeit und Aufwand sind fest, Umfang ist variabel
EINFLUSS VON STAKEHOLDERN	Einfluss von Stakeholdern sinkt im Verlauf des Projekts	Einfluss der Stakeholder ist konstant im Projekt
PROJEKTERGEBNISSE	Ergebnisse werden nur am Ende des Projekts geliefert und bewertet	Ergebnisse werden im Projektverlauf regelmäßig geliefert und bewertet
VERANTWORTUNG	Projektmanager managt und verantwortet das gesamte Projekt	Team managt sich selbst und übernimmt zusammen die Verantwortung
KOMMUNIKATION & DOKUMENTATION	Umfassende schriftliche Dokumentation	Kommunikation im kurzen, täglichen Meeting und wenig Dokumentation

Abbildung 3 Klassisches und agiles Projektmanagement im Vergleich (eigene Darstellung

Beide Ansätze haben Ihre Existenzberichtigung und scheinen auf den ersten Blick nicht komplett unvereinbar. Daher ist eine Kombination beider Modelle gar nicht abwegig. Beispielsweise erlauben beide Vorgehensmodelle ein inkrementelles Vorgehen (Goll & Hommel, 2015, S.76). Auch das gemeinsame Ziel, Projekte erfolgreich durchzuführen, ist immer gegeben. Die Ansätze unterscheiden sich lediglich in der Art dieses Ziel zu erreichen. Im hybriden Projektmanagement werden klassische und agile Ansätze gemeinsam angewendet. Das Projekt wird gegenüber Kunden klassisch geführt. Nach Innen werden Teile wie beispielsweise die Entwicklung agil abgewickelt.

Jedes Vorgehensmodell hat seine Vorteile und Nachteile. Wichtig ist es, für die jeweilige Situation das beste Vorgehensmodell auszuwählen und anzuwenden. (Dams, 2019)

3.3 Hybride Methoden im Projektmanagement

Der Einsatz von hybriden Projektmanagementmethoden erfolgt meist bewusst durch Auswahl verschiedener zum Projekt passender Techniken. Hauptursachen für den Einsatz hybrider Methoden sind einerseits die Möglichkeit gleichzeitiger Nutzung der Vorteile agiler und klassischer Ansätze, sowie die Anpassbarkeit der Methodik an den jeweiligen Anwendungsfall, sowie die Umgehung der Probleme agiler und klassischer Ansätze. (Kurtz & Sauer, 2018)

Hybrides Projektmanagement steht für die Kombination von zwei oder mehr klassischen oder agilen Methoden und Instrumenten für das Management eines Projektes. Dabei können ganze Methoden oder einzelne Elemente unterschiedlicher Methoden miteinander vermischt werden.

Einige Beispiele für Methoden sind:

- Scrumban (agil + agil): Die Kombination von Scrum und Kanban ermöglicht z. B. den Einsatz eines Kanban-Boards mit dem Ablaufmodell und der Rollenverteilung im Scrum.

- Wasserfall + Scrum (traditionell + agil): Das Gesamtprojekt wird als Wasserfall durchgeführt, während eine Phase als Scrum mit Sprints durchgeführt wird. Alle anderen Phasen vom Kundenwunsch bis zum Projektabschluss werden traditionell durchgeführt. Dies wird auch als Wasser-Scrum-Fall-Modell bezeichnet, weil Scrum in der Mitte des Wasserfalls steht.

- Lean Sigma

4. Praktische Anwendung am Projekt

Im Rahmen des Projektmoduls 1 sollten die Studierenden Gruppen bilden um ein selbstgewähltes Projekt unter Berücksichtigung der Methoden des Projektmanagements zu planen und durchzuführen:

In der Region Landshut herrscht ein starker Wettbewerb im Bereich der Bildungsbranche, in dem die Konkurrenz beständig neue innovative Produkte und Dienstleistungen auf den Markt bringt. Das Ift - Institut für Talententwicklung GmbH ist ein Unternehmen dieser Branche, welches verschiedene Konzepte im Bereich Berufsorientierung anbietet. Dies sind unter anderem Fachmessen für Ausbildung & Studium, Eltern- & Schülertage, Bildungsmessen für Erwachsene und Akademieveranstaltungen. Ebenso führt es Projekte im Auftrag von Kunden aus. Die Zielgruppen sind hierbei Ausbildungsbetriebe, Fach- und Hochschulen sowie Institutionen, Jugendliche, Eltern, Schulen, Junge Erwachsene. (IfT Institut für

Talententwicklung, 2020a, 2020b). Um im Wettbewerb zu bestehen und mehr Aufmerksamkeit in der Region zu erhalten, soll eine Akademieveranstaltung für Eltern geplant werden. Die Durchführung dieser Aufgabe erfolgt im Rahmen eines Projektes, welches unsere Gruppe (bestehend aus: Maxi Theresa Schwab, Felix Platten, Nils Meier) übernommen hat.

4.1 Projektinitialisierung & -definition

Ein Projekt muss gedanklich und planerisch vorbereitet werden. Grundlage dafür sind der Projektauftrag und die Projektziele. Diese müssen klar definiert und abgestimmt werden. Der Projektauftrag des IfT lautete Planung und Durchführung einer Akademie Veranstaltung. Zur besseren Darstellung wird ein Projekt Canvas erstellt:

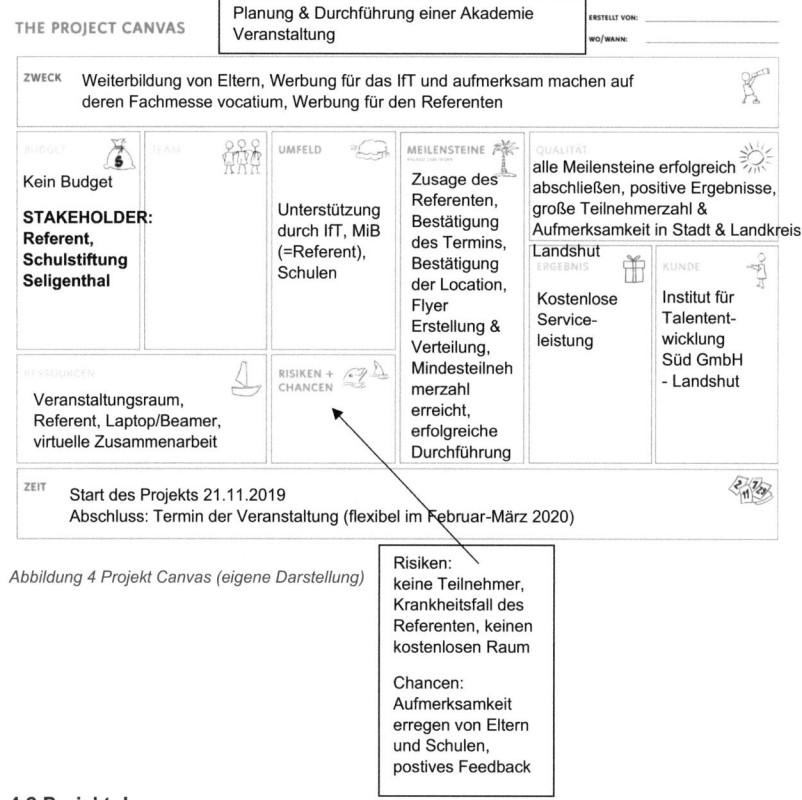

Abbildung 4 Projekt Canvas (eigene Darstellung)

4.2 Projektplanung

Die Planungsphase beinhaltet alle Tätigkeiten und Prozesse, die der formalen Planung eines Projektes dienen. Zu der Planungsphase zählen zum einen die

Projektstrukturplanung (siehe Abbildung 5), sowie die Terminplanung, zum anderen aber auch die Ressourcen- und Kostenplanung und die Qualitätsplanung eines Projektes

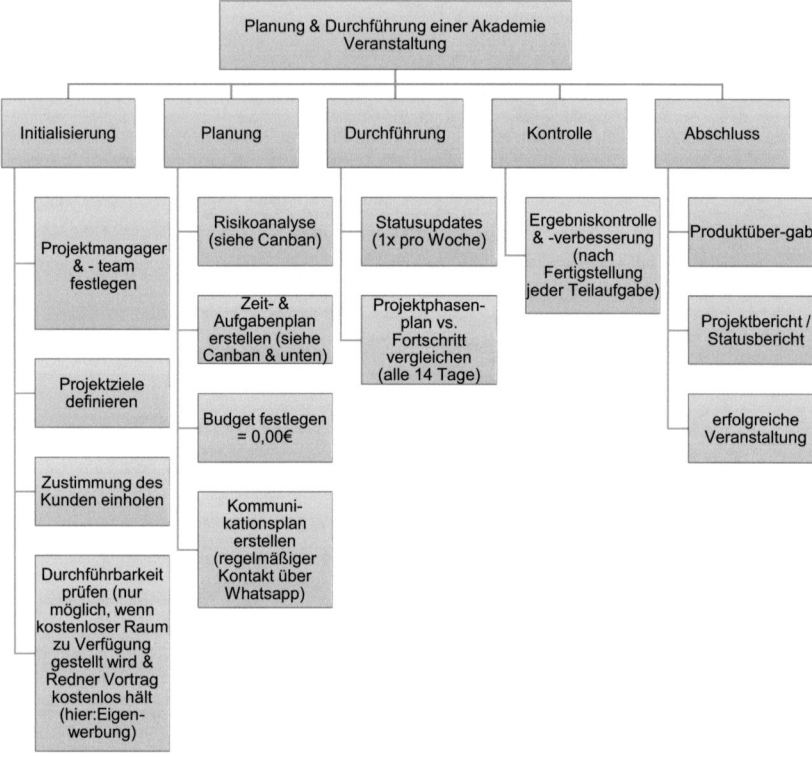

Abbildung 5 Projektstrukturplan (eigene Darstellung)

Das Projekt orientiert sich am Projektziel (Erfolgreiche Planung & Durchführung eines kostenlosen Vortrags für Eltern zum Thema „Gefahren im Internet Wie schütze ich mein Kind?"); die Teilprojekte und –aufgaben, sowie die Arbeitspakete dienen dazu, das Projekt zu bewältigen.

Die einzelnen Tätigkeiten zur Erledigung bzw. Teilaufgaben waren u.a.:

- Redner anfragen
- Thema und Inhalte des Vortrags abklären
- Termin vereinbaren
- Raum anfragen

- Termin & Raum fixieren

- Flyer und Anmeldungsbogen erstellen

- Analyse der Schulen in Stadt & Region

- Kontaktdaten der Schulen in Tabelle einpflegen

- Einladungen an Schulen versenden mit Bitte um Weiterleitung

- Hinweis über Veranstaltung an Tageszeitung senden

- Usw.

Die Arbeiten wurden im Team verteilt und mit einer Frist versehen.

4.4 Projektumsetzung

Die Entwicklungsphase mit Abarbeitung der oben genannten Aufgaben wurde mit Hilfe von Scrum durchgeführt, alle anderen Phasen nach der Wasserfallmethode des klassischen Projektmanagement.

4.5 Projektabschluss und Projektreview

Der Projektabschluss und somit ein Review ist zum heutigen Stand nicht möglich, da die Veranstaltung erst Ende März 2020 stattfindet.

Jedoch wurden alle Aufgaben der Analyse-, Planungs- und Entwicklungsphase abgeschlossen. Die Schulen sind informiert und mit Material zur Veranstaltung versorgt. Außerdem haben Sie die Einladungen an die Eltern mit Hilfe eines Elternrundbriefes und des schwarzen Bretts an der Schule verteilt. Erste Anmeldungen sind bereits eigegangen, jedoch wurde die Mindestteilnehmerzahl noch nicht erreicht. Anmeldeschluss ist der 23.03.2020.

5. Fazit

Die Projektplanung, Umsetzung und Auswertung verliefen zufriedenstellend. Es gab keine größeren Probleme, alle Meilensteine und Ziele konnten eingehalten werden. Nach anfänglichen Start Schwierigkeiten bei der Zuteilung der Aufgaben an die einzelnen Projektteilnehmer, sowie der mangelnden Rückmeldung, ist ein gutes Endresultat entstanden. Die Herausforderung des Projekts bestand darin, dass keine monetären Mittel zur Verfügung gestellt werden konnten, somit mussten „Sponsoren" gefunden werden. Sponsoren waren in diesem Fall die Schulstiftung Seligenthal, die sich bereit erklärt hat, die Aula kostenlos für die Veranstaltung zur Verfügung zustellen inkl. Bereitstellung von Beamer und Laptop. Als Gegenleistung wollten Sie die Veranstaltung in ihrem Jahresbericht am Ende des Schuljahres erwähnen und Fotos von der Veranstaltung erhalten. Ein weiterer Sponsor fand sich durch den Referenten, der sich bereit erklärte seinen Vortrag kostenlos zu halten, da er damit Werbung an den Schulen machen kann. Welche dann ihn ggf. für weitere Veranstaltungen buchen. Auch die Terminfindung bereitete einige Schwierigkeiten, da der Referent einen sehr vollen Terminplaner hatte und erst ab KW 11 freie Kapazitäten angeboten hat. Zudem war anfangs unklar, wie wir die potentiellen Teilnehmer – also Eltern – erreichen & ansprechen können. Hier fand sich die Lösung eines Einladungsflyers inkl. Anmeldeformular. Beides wurde digital an alle Schulen weitergleitet. Die Schulen haben sich im Vorfeld, nach Anruf meinerseits, bereit erklärt die Veranstaltung an die Eltern weiterzuleiten.

Zusammenfassend kann man sagen, dass das Projekt erfolgreich verlaufen ist. Die Mindestteilnehmerzahl von 12 Personen bzw. Anmeldungen wird ebenfalls voraussichtlich erreicht. Heutiger Stand der Anmeldungen liegt bei 12.

Literaturverzeichnis

Literaturverzeichnis

Agiles Manifest. (17. Februar 2020). http://agilemanifesto.org/iso/de/manifesto.html

Bea, F. X., Scheurer, S. & Hesselmann, S. (2011). *Projektmanagement* (2. Aufl.). *Grundwissen der Ökonomik: Bd. 2388.* UTB.

Brandstäter, J. (2013). *Agile IT-Projekte erfolgreich gestalten: Risikomanagement als Ergänzung zu Scrum.* Springer Fachmedien Wiesbaden; Imprint; Springer Vieweg.

Cockburn, A. (2003). *Agile Software-Entwicklung* (1. Aufl.). verlag moderne industrie.

Dams, C. M. (2019). *Agiles Event Management: Vom „Wow" zum „How" im erfolgreichen Event Management. essentials.* Springer Fachmedien Wiesbaden. http://dx.doi.org/10.1007/978-3-658-25500-8 https://doi.org/10.1007/978-3-658-25500-8

Goll, J. & Hommel, D. (2015). *Mit Scrum zum gewünschten System.* Springer Vieweg. http://www.springer.com/

Hanser, E. (2010). *Agile Prozesse: Von XP über Scrum bis MAP. eXamen.press: Bd. 0.* Springer-Verlag Berlin Heidelberg. https://doi.org/10.1007/978-3-642-12313-9

Hofert, S. (2018). *Agiler führen: Einfache Maßnahmen für bessere Teamarbeit, mehr Leistung und höhere Kreativität* (2., aktualisierte Auflage). Springer Gabler.

IfT Institut für Talententwicklung (Hg.). (2. März 2020a). *Ift Imagebuch: 500.000 Menschen sprechen über Ihre Berufswahl + Zukunft.* https://www.yumpu.com/de/embed/view/VWObXYIyMBJc9HUr

IfT Institut für Talententwicklung (Hg.). (2. März 2020b). *Wir über uns: Das Unternehmen: Wegbereiter für Berufswahl, Talentförderung, freiwilliges Engagement und Regionalentwicklung.* https://www.erfolg-im-beruf.de/ueber-uns/das-unternehmen

Komus, A. & Putzer, J. (2017). *Projektmanagement mit dem PM-Haus: Inklusive 42 Praxistipps : mit durchgängigem Beispiel "FlexVelo".* Books on Demand.

Kurtz, K. & Sauer, J. (2018). URSACHEN DES EINSATZES VON HYBRIDEN PROJEKTMANAGEMENTMETHODEN. *NORDBLICK* (6), 30–36.

Kuster, J., Bachmann, C. & Huber, E. (2019). *Handbuch Projektmanagement: Agil - klassisch - hybrid* (4., vollständig überarbeitete und erweiterte Auflage). Springer Gabler.

Litke, H.-D. (Hg.). (2005). *Projektmanagement: Handbuch für die Praxis ; Konzepte - Instrumente - Umsetzung.* Hanser.

Meyer, H. & Reher, H.-J. (2016). *Projektmanagement: Von der Definition über die Projektplanung zum erfolgreichen Abschluss.* Springer Gabler. https://doi.org/10.1007/978-3-658-07569-9

Preußig, J. (2015). *Agiles Projektmanagement: Scrum, User Stories, Timeboxing & Co. Haufe TaschenGuide.* Haufe-Lexware GmbH & Co. KG.

Sandhaus, G., Knott, P. & Berg, B. (2014). *Hybride Softwareentwicklung: Das Beste aus klassischen und agilen Methoden in einem Modell vereint. Xpert.press.* Springer Vieweg. https://doi.org/10.1007/978-3-642-55064-5

Schelle, H., Ottmann, R. & Pfeiffer, A. (Hg.). (2008). *ProjektManager* (3. Aufl.). GPM
Dt. Ges. für Projektmanagement.

Schwaber, K., Sutherland, J. & Roock, S. (2014). *Software in 30 Tagen: Wie Manager
mit Scrum Wettbewerbsvorteile für ihr Unternehmen schaffen* (1. Aufl.). *Safari Tech
Books Online*. dpunkt.verl.

Stöger, R. (2011). *Wirksames Projektmanagement: Mit Projekten zu Ergebnissen* (3.,
überarb. Aufl.). Schäffer-Poeschel.

Urbach, N. & Ahlemann, F. (2016). *IT-Management im Zeitalter der Digitalisierung: Auf
dem Weg zur IT-Organisation der Zukunft*. Springer Gabler.
http://dx.doi.org/10.1007/978-3-662-52832-7 https://doi.org/10.1007/978-3-662-
52832-7

Wintersteiger, A. (2015). *Scrum. Schnelleinstieg (3. Aufl.)*. entwickler.press.
http://gbv.eblib.com/patron/FullRecord.aspx?p=4344019